Theodor Fontane

Hans-Jürgen Gaudeck

Ein weites Land

Theodor Fontane

Ein weites Land

Mit Aquarellen von
Hans-Jürgen Gaudeck

steffen verlag

Märkische Landschaft

Vorwort

Unterwegs und wieder daheim – so überschrieb Theodor Fontane ein Gedicht, das 1856/57 entstand und bereits im Titel eine Dualität andeutete, nämlich Heimat und Fremde. Mit diesem Gegensatzpaar, das uns Heutigen etwas altmodisch erscheint, ließ er sein Gedicht enden und gab dem »Daheim« eindeutig die Präferenz. Ähnlich dann knapp 20 Jahre später am 14. August 1873 in einem Brief an das befreundete Ehepaar Zöllner: »›Der Hauptsegen alles Reisens‹, sagte Lord Byron, ›besteht in gesteigerter Wertschätzung des Heimischen‹ – eine Wahrheit und ein Zustand, dem auch wir uns wieder zu nähern beginnen.« Noch differenzierter äußerte er sich ein Jahr später, wie wir auf Seite 68 vorliegenden Buches lesen können. Nicht zu vergessen, dass Fontane im November 1861 den 1. Band seiner »Wanderungen« beginnen lässt: »›Erst die Fremde lehrt uns, was wir an der Heimat besitzen.‹ Das hab' ich an mir selber erfahren, und die ersten Anregungen zu diesen ›Wanderungen durch die Mark Brandenburg‹ sind mir auf Streifereien in der Fremde gekommen«, nämlich bei einer Schottlandreise im August 1858.

Und damit sind wir bei vorliegendem Buch, der Reise durch ein weites Land, über dessen Zusammenstellung von Aquarellen und Fontane-Texten als Motto wiederum Unterwegs und wieder daheim stehen könnte. Beginnend in Berlin, schlagen wir einen Bogen um die Metropole, begleiten Fontane durch den Spreewald hin nach Leipzig und Dresden, lassen uns durch den Harz führen, folgen dem Dichter an den Rhein, nach Norddeutschland und an die Ostsee, halten uns in Mecklenburg-Vorpommern auf, um schließlich in der von Fontane so geliebten Mark Brandenburg umherzuschweifen. Zwangsläufig können dies nur wenige Stationen seiner Fahrten sein. Denn seit Ende der 1860er-Jahre, als erste Buchhonorare sowie Erlöse aus journalistischer Arbeit kontinuierlich flossen, nutzte er die verbesserte finanzielle Situation, um sich mehrwöchige, ja auch monatelange Sommerfrischen zu gönnen, meist an der See, im Harz, in Thüringen oder im Riesengebirge.

Es waren allerdings keine Urlaubsreisen, die Fontane unternahm. Vorrangig war es eine Flucht aus dem großstädtischen, jedoch erst Ende des 19. Jahrhunderts unterirdisch kanalisierten Berlin, das von sommerlicher Hitze und entsprechend üblen Gerüchen erfüllt war. Häufig begleitete ihn Arbeit an seinen Romanen und sonstigen Publikationen, weshalb seine Familie nur zeitweilig an den Aufenthalten teilnahm – eine Tatsache, der wir köstliche Darstellungen von Urlaubserlebnissen in Fontanes Briefen verdanken. Viele Eindrücke von seinen Reisen sind auch in das Romanwerk eingeflossen, sei es in Form von Landschaftsimpressionen, sei es in Beobachtungen des gesellschaftlichen Lebens unterwegs und von Verhaltensformen der Mitmenschen. Das Fazit zog er 1895 in dem Gedicht Meine Reiselust: »Mehr als Weisheit aller Weisen / Galt mir reisen, reisen, reisen.«

Peter Bramböck

Eine Übersiedlung nach München – Du wirst das nicht als Undank oder Ungezogenheit gegen Deine früh'ren freundlichen Absichten fassen – liegt nicht mehr innerhalb meiner Wünsche. So vieles mir dort gefallen hat, so sehr fühl ich doch, daß es auf die Dauer kein Boden für mich wäre. Glänzende Aussichten (d. h. *viel* Geld) würden natürlich meine Sprödigkeit besiegen, aber wie käm ich zu »glänzenden Aussichten«, worauf sollten sie *basieren?* Ich weiß es selber nicht, wie sollten es andre wissen! Unter gewöhnlichen, bescheidnen Verhältnissen leb ich aber doch lieber hier als an irgendeiner andern deutschen Residenz, nur *Wien* könnte mich verführen, wenn es nicht gerade wiederum Wien wäre. Es ist mir im Laufe der Jahre, besonders seit meinem Aufenthalte in London, Bedürfnis geworden, an einem großen Mittelpunkte zu leben, in einem Zentrum, wo entscheidende Dinge geschehn. Wie man auch über Berlin spötteln mag, wie gern ich zugebe, daß es diesen Spott gelegentlich verdient, das Faktum ist doch schließlich nicht wegzuleugnen, daß das, was hier geschieht und nicht geschieht, direkt eingreift in die großen Weltbegebenheiten. Es ist mir Bedürfnis geworden, ein solches Schwungrad in nächster Nähe sausen zu hören, auf die Gefahr hin, daß es gelegentlich zu dem bekannten Mühlrad wird.

Brief an Paul Heyse, Berlin, 28. Juni 1860. – Fontane war mit dem bereits in seinen Berliner Jahren ungemein erfolgreichen Schriftsteller (1910 Nobelpreis) befreundet. Dieser lebte seit 1854, protegiert vom bayerischen König, in München und hatte Fontane angeregt, sich bei Maximilian II. um die Stelle des Kgl. Hofbibliothekars zu bewerben. Daraufhin hatte sich Fontane Ende Februar 1859 für vier Wochen in München aufgehalten.

Brandenburger Tor in Berlin

Nach einer unerläßlichen Säuberung und Einnahme eines Soupers: Hammelkoteletts, in denen ein mir vorschwebendes Ideal endlich zur Wirklichkeit wurde, ging ich in die Stadt und sah noch den Dom, den Scala-Platz mit seinem gleichnamigen Theater, die große Marmorstatue Leonardo da Vincis und die neuerdings so berühmt gewordene »Galeria Vittore Emanuele« – das Vorbild zu unserer »Passage«, die daneben allerdings zu einem bloßen Gäßchen zusammenschrumpft. Überhaupt, welche Stadt! Oh, Berlin, wie weit ab bist du von einer *wirklichen* Hauptstadt des deutschen Reiches! Du bist durch politische Verhältnisse über Nacht dazu geworden, *aber nicht durch dich selbst.* Wirst es, nach dieser Seite hin, auch noch lange nicht werden. Vielleicht fehlen die Mittel, gewiß die Gesinnung. »Denn aus Gemeinem ist der Mensch gemacht«, sagt Schiller; er soll dabei speziell an den Berliner Spießbürger, der inzwischen zum »Bourgeois« sich abwärts entwickelt hat, gedacht haben.

Brief an seine Frau Emilie, Mailand, 10. August 1875. – Bereits 1874 hatte das Ehepaar eine zweimonatige Italienreise unternommen, ein Jahr später war Fontane für vier Wochen in Oberitalien unterwegs.
Die 1873 errichtete Siegessäule stand zu seinen Zeiten auf dem Königsplatz gegenüber dem ab 1884 entstandenen Reichstagsgebäude und wurde 1938/39 auf den heutigen Standort versetzt sowie aufgestockt.

Siegessäule in Berlin

Das Spreetal hinunter, an dem Charlottenburger Schloß vorbei (dessen vergoldete Kuppelfiguren nicht recht wissen, ob sie in dem spärlichen Tageslicht noch blitzen sollen oder nicht), über Brücken hin, zwischen Schwanenrudeln hindurch, geht der Zug, bis die Havelfeste vor uns aufsteigt, mit Brücken und Gräben, mit Torwarten und Mauern, und über dem allen: Sankt Nikolai, die erinnerungsreiche Kirche dieser Stadt.
Die Kirche selbst, bei aller Schönheit, ist kahl; im Chor aber drängen sich die Erinnerungsstücke, die der Kirche noch aus alter Zeit her geblieben sind. (...)
Alle diese Dinge indes sind es nicht, die uns heute nach Sankt Nikolai in Spandau geführt haben, unser Besuch gilt vielmehr dem alten Turme, zu dessen Höhe ein Dutzend Treppenstiegen hinanführen. (...) Die Treppe frei und gradlinig. Und doch ist es ein Ersteigen mit Hindernissen: die Schlüssel versagen den Dienst in den rostigen Schlössern und man merkt, daß die Höhe von Sankt Nikolai zu Spandau keine täglichen Gäste hat, wie St. Stephan in Wien oder St. Paul in London. Endlich sind wir an Uhr und Glockenwerken vorbei (...) und steigen nun, durch eine letzte Klappenöffnung, in die luftige Laterne hinein, die den steinernen Turmbau krönt. Keine Fenster und Blenden sind zu öffnen, frei bläst der Wind durch das gebrechliche Holzwerk. Das ist die Stelle, die wir suchten. Ein Lug-ins-Land.
Zu Füßen uns, in scharfer Zeichnung, als läge eine Karte vor uns ausgebreitet, die Zickzackwälle der Festung; ostwärts im grauen Dämmer die Türme von Berlin; nördlich, südlich die bucht- und seenreiche Havel, inselbetupfelt, mit Flößen und Kähnen überdeckt; nach Westen hin aber ein breites, kaum hier und da von einer Hügelwelle unterbrochenes Flachland, das Havelland.

»Wanderungen«, 3. Teil: »Havelland«, Kapitel »Spandau und Umgebung«, Abschnitt »St. Nikolai zu Spandau«. – Die Ende des 14. Jahrhunderts fertiggestellte Kirche erhielt 1467/68 ihren spätgotischen Turm, der 1744 nach einem Stadtbrand von einer barocken Haube gekrönt wurde; zerstört durch Bombardierung 1944, wurde sie 1989 rekonstruiert.

St. Nikolai zu Spandau

Von Uetz nach Paretz ist noch eine gute halbe Meile. An einem Sommernachmittag ein entzückender Spaziergang. Der Weg führt durch Wiesen rechts und links; der Heuduft dringt von den Feldern herüber, und vor uns ein dünner, sonnendurchleuchteter Nebel zeigt die Stelle, wo die breite, buchten- und seenreiche Havel fließt. Paretz selbst verbirgt sich bis zuletzt. Nun endlich wird der Weg ein aufgeschütteter Damm, an die Stelle der Obstbäume, die uns bisher begleiteten, treten hohe Pappeln, überall die spalierbildende Garde königlicher Schlösser, und alsbald, über eine zierliche Brücke hinweg, die den Namen »Infantenbrücke« trägt, beschreiten wir die Dorfstraße. Diese führt mitten durch den Park, macht eine Biegung, verbreitert sich, und – wir sind am Ziel: links das Schloß, ein langgestreckter, schmuckloser Parterrebau mit aufgesetztem niedrigem Stock, rechts eine Gruppe alter Eichen, und ihnen zur Seite die gotische Kirche des Dorfes. Über die Straße hin grüßen sich beide, in ihrer Erscheinung und in ihrem Eindruck so verschieden wie die Zeiten, denen sie angehören. Die Poesie fällt der älteren Hälfte zu.

»Wanderungen«, 3. Teil: »Havelland«, Kapitel »Potsdam und Umgebung«, Abschnitt »Paretz«. – Das Schloss wurde um 1800 von David Gilly für König Friedrich Wilhelm III. errichtet (Mahnung an den Berliner Architekten: »Nur immer denken, daß Sie für einen armen Gutsherrn bauen«) und war der Sommersitz von ihm und seiner Gemahlin, Königin Luise.

Schloss Paretz

Der Reisende, den von Berlin aus sein Weg nach Westen führt, sei es, um angesichts des Kölner oder auch schon des Magdeburger Domes zu landen, hat – wie immer ablehnend er sich gegen die Schönheiten der Mark Brandenburg verhalten möge – wenigstens zu Beginn seiner Fahrt, solange die grünen Hänge von Potsdam ihm zur Seite bleiben, einige Partien zu durchfliegen, die er nicht Anstand nehmen wird, als Oasen gelten zu lassen. Wenn aber all die lachenden Bilder zwischen Schloß Babelsberg und dem Pfingstberg, zwischen der Pirschheide und dem Golmer Bruch ihn unbekehrt gelassen hätten, so würde doch das prächtige See- und Flußpanorama ihn entzücken müssen, das die große Havelbrücke eine Meile westwärts von Potsdam vor ihm auftut und das ihm nach rechts hin eine meilenbreite, segelbedeckte Fläche, nach links hin eine giebelreiche, rot und weiß gemusterte, in dem klaren Havelwasser sich spiegelnde gotische Kirche zeigt. Um sie herum ein dichter Häuserkranz: Stadt Werder. (…)
Die Kirche »Zum heiligen Geist«, auf der höchsten Stelle der Insel malerisch gelegen, war schon zwei Jahre vorher einem Neubau unterzogen worden; ob sie schönheitlich dadurch gewonnen hatte, wird zu bezweifeln sein; die Lehniner Mönche verstanden sich besser auf Kirchenbau als der Soldatenkönig. Jedenfalls verbietet sich jetzt noch eine Entscheidung in dieser Frage, da die Renovation von 1734 längst wieder einem neuen Umbau gewichen ist, einer wiederhergestellten, spitzenreichen Gotik, die, in der Nähe vielleicht mannigfach zu beanstanden, als Landschaftsdekoration aber, wie eingangs dieses Kapitels bereits hervorgehoben wurde, von seltener Schönheit ist.

»Wanderungen«, 3. Teil: »Havelland«, Kapitel »Der Schwielow und seine Umgebungen«, Abschnitt »Werder«. – Der von Fontane erwähnte Um- bzw. Neubau der Heilig-Geist-Kirche erfolgte 1856–58 im neugotischen Stil nach Plänen von Hofbaurat August Stüler und auf Anregung von König Friedrich Wilhelm IV.

Werder

Die verblaßten oder auch verdunkelten Tapeten, die Gerätschaften und Nippsachen – es sind nicht Erinnerungsstücke genau aus jener Zeit caputhischen Glanzes, aber sie haben doch auch ihr Alter, und wir nehmen sie hin wie etwa einen gotischen Pfeiler an einem romanischen Bau. Beide haben ihr Alter überhaupt, das genügt; und unsere Empfindung übersieht es gern, daß zwei Jahrhunderte zwischen dem einen und dem anderen liegen. (...)
Jetzt setzen die Künstler ihre Kraft an eine Idee und bleiben dann, neunmal von zehn, hinter dieser und oft auch hinter sich selbst zurück. Wie anders damals. Die Maler konnten malen und gingen ans Werk. Kam ihnen nichts, nun, so war es immer noch eine hübsche Tapete; erwies sich aber die Stunde günstig, so war es ein Geschenk der Götter.
So Großes fehlt hier; aber auch das Kleine genügt. Genien und wieder Genien, blonde und braune, geflügelte und ungeflügelte, umschweben und umschwirren uns, und die Girlanden, die sich zwischen den Fingerspitzen der lachenden Amoretten hinziehen, sie haben eine Pracht und Wahrheit der Farbe, daß es ist, als fielen noch jetzt die Rosen in vollen roten Flocken auf uns nieder. (...)
Diese Zeit sinnlich blühender Renaissance, sie ist dahin. Was wir jetzt haben, mit allen unsren Prätentionen, wird nach zweihundert Jahren schwerlich gleiche Freude und Zustimmung wecken.

»Wanderungen«, 3. Teil: »Havelland«, Kapitel »Der Schwielow und seine Umgebungen«, Abschnitt Caputh«. – An Stelle eines im Dreißigjährigen Krieg weitgehend zerstörten Vorgängerbaus ließ der Große Kurfürst Friedrich Wilhelm das Schloss wieder aufbauen und machte es seiner Gemahlin Kurfürstin Dorothea von Brandenburg 1671 zum Geschenk. Ihr ist die reichhaltige Innenausstattung zu danken.

Schloss Caputh

Ein noch größeres Interesse weckt das etwa 1000 Schritt von Dreilinden unmittelbar am kleinen Wannsee gelegene *Grab von Heinrich v. Kleist.* Erst der Prinz erwarb diesen Uferstreifen. Die Stätte selbst ist seit Eröffnung der in geringer Entfernung vorüberführenden Grunewaldbahn eine vielbesuchte Pilgerstätte geworden, und in schöner Jahreszeit vergeht wohl kein Nachmittag, an dem nicht Sommervergnüglinge von Station Neu-Babelsberg her aufbrächen, um, am Wannsee hin ihren Weg nehmend, dem toten Dichter ihren Besuch zu machen. Der Weg von Dreilinden her aber ist ein andrer und mündet erst in verhältnismäßiger Nähe von »Kleists Grab« in einen sowohl dem Neu-Babelsberger wie dem Dreilindner Wege gemeinschaftlichen, von Werft und Weiden umstandenen Wiesenpfad ein, der auf die (wie hier schon bemerkt werden möge) sich dem Auge völlig entziehende Begräbnisstätte zuführt.

»Wanderungen«, Nachtragsband »Fünf Schlösser«, Abschnitt »Dreilinden, 10. Kapitel: »Dreilindens Umgebung. 2. Kleists Grab«. – Hier hatten am 21. November 1811 der Dichter Heinrich von Kleist und seine Geliebte Henriette Vogel Selbstmord begangen. Wenn man den kompletten Fontane-Text liest, verwundert es, dass der Dichter aus dem Besuch am Grab eine Humoreske gemacht hat.

Grab von Heinrich v. Kleist

Bald ist völlige Stille um uns her; wir haben in unseren Gedanken von Menschen und Menschenantlitz Abschied genommen und fahren drum erschreckt zusammen, als wir plötzlich dreier Frauengestalten ansichtig werden, die mit halbem Auge von ihrer Arbeit aufblicken und dann langsam-geschäftig fortfahren, das abgefallene Laub zusammenzuharken. (…) Wir fragen endlich, »ob dies der Weg nach den Müggelsbergen sei«, worauf sie mit nichts andrem als mit einer gemeinschaftlichen Handbewegung antworten. Einen Augenblick stutzen wir in Erinnerung an die wohlbekannten drei von der schottischen Heide, deren Wink oder Zuruf immer nur in die Irre führt; aber uns schnell vergegenwärtigend, daß die Türme Berlins nur ein paar Meilen in unserem Rücken liegen, folgen wir unter Dank und scheuem Kopfnicken der uns angedeuteten Richtung. Und siehe da, noch hundert Schritt und es lichtet sich der Wald und vereinzelte Tannen und Eichen umzirken einen Platz, in dessen Mittelpunkt ein Teich, ein See ruht.
Dieser See heißt der »Teufelssee«. Er hat den unheimlichen Charakter aller jener stillen Wasser, die sich an Bergabhängen ablagern und ein Stück Moorland als Untergrund haben. Die leuchtend-schwarze Oberfläche ist kaum gekräuselt, und verwaschenes Sternmoos überzieht den Sumpfgürtel, der uns den Zugang zum See zu verwehren scheint. Er will ungestört sein und nichts aufnehmen als das Bild, das die dunkle Bergwand auf seinen Spiegel wirft.

»Wanderungen«, 4. Teil: »Spreeland«, Kapitel »An der Spree«, Abschnitt »Die Müggelsberge«. – Um den Teufelssee ranken sich zahlreiche Legenden, Adalbert Kuhn hat sie in seinen »Märkischen Sagen und Märchen« (Berlin 1843) gesammelt; in besagtem »Wanderungen«-Abschnitt fanden sie ihren Niederschlag.

Teufelssee

Wo sonst Heckenzäune sich ziehen, um die Grenzen eines Grundstücks zu markieren, ziehen sich hier vielgestaltige Kanäle, die Höfe selbst aber sind in ihrer Grundanlage meistens gleich. Dicht an der Spreestraße steht das Wohnhaus, ziemlich nahe daran die Stallgebäude, während klafterweis aufgeschichtetes Erlenholz als schützender Kreis um das Inselchen herumläuft. Obstbäume und Düngerhaufen, Blumenbeete und Fischkasten teilen sich im übrigen in das Terrain und geben eine Fülle der reizendsten Bilder. Das Wohnhaus ist jederzeit ein Blockhaus mit kleinen Fenstern und einer tüchtigen Schilfdachkappe (...) Endlich zwischen Haus und Ufer breitet sich ein Grasplatz aus, an den sich ein Brückchen oder ein Holzsteg schließt, und um ihn herum gruppieren sich die Kähne, kleiner und größer, immer aber dienstbereit, sei es um bei Tag einen Heuschober in den Stall zu schaffen oder am Abend einem Liebespaare bei seinem Stelldichein behilflich zu sein.

»Wanderungen«, 4. Teil: »Spreeland«, Kapitel »In den Spreewald«, Abschnitt »Lehde«. – Bereits im Frühsommer 1859 war eine Artikelfolge »In den Spreewald« in der »Preußischen Zeitung« erschienen, nachdem Fontane vom 6. bis 8. August eine Reise dorthin unternommen hatte. Obwohl aus den Anfangsgründen seiner »Wanderungen« stammend, gingen die Artikel erst 20 Jahre später in einen eigenen Teilband ein.

Spreewald

Dann begab ich mich zu meinen Eltern aufs Land und war noch ein ziemlich schmalbäckig aussehender Rekonvaleszent, als ich am 31. März in Leipzig eintraf. Zwei Drittel der Reise hatte ich per Bahn zurückgelegt; das letzte Drittel per Post. Nun hielten wir vor dem eben erst fertig gewordenen großen Postgebäude, den Platz mit Universität und Paulinum in voller Ausdehnung vor uns. Es mochte sechs Uhr sein; die Luft war weich, die Sträucher in den Anlagen hatten schon grüne Knospen. Über allem lag ein feiner Dämmer. Ich reckte und streckte mich, atmete hoch auf und hatte das Gefühl eines gewissen Geborgenseins. Es war auch so. Das mit den ersten Eindrücken hat doch was auf sich.

Das Neubertsche Haus lag in der Hainstraße, so daß ich, um dorthin zu gelangen, den echtesten und schönsten Teil von Leipzig, die Grimmasche Gasse und den Rathausplatz, zu passieren hatte. Mein Gepäckträger ging neben mir her und machte in gutem Sächsisch den Führer. Ich war ganz benommen und möchte behaupten, daß, soweit Architektur und Stadtbild in Betracht kommen, nichts wieder in meinem Leben einen so großen, ja komisch zu sagen, einen so berauschenden Eindruck auf mich gemacht hat wie dieser in seiner Kunstbedeutung doch nur mäßig einzuschätzende Weg vom Post- und Universitätsplatz bis in die Hainstraße.

»Von Zwanzig bis Dreißig«, Abschnitt »Mein Leipzig lob' ich mir«, 1. Kapitel. – Fontane verfasste diese Erinnerungen an eine Lebensdekade zwischen Ende 1894 und Anfang 1896 (Buchausgabe Juni 1898). Anfang 1841 war er schwer an Typhus erkrankt und hatte anschließend die Rekonvaleszenzzeit bei seinen Eltern in Letschin/Oderbruch verbracht, um am 1. April eine Tätigkeit als Gehilfe in der Apotheke Zum Weißen Adler (Inhaber Dr. I.-A. Neubert) aufzunehmen, wo er ein Jahr tätig war.

Altes Rathaus in Leipzig

Erster Ausflug natürlich auf die Brühlsche Terrasse. Ich fand hier alles schwärzer, rußiger geworden, nichts von der Heiterkeit und Eleganz, die sonst hier wohl ihre Stätte hatten. Aber die Aussicht war schöner denn je. Nach beiden Seiten hin hat sie gewonnen, nach rechts hin durch die drei großen weißschimmernden Schloßbauten, die den Namen der Albrechts-Burgen führen, nach links hin durch die schöne Eisenbahnbrücke, die – ähnlich wie die Glienicker Brücke bei Potsdam – eine überaus malerische Linie durch den Strom zieht.
Das Dresdener Leben scheint sich seit den vierziger Jahren immer mehr an das Elbufer gezogen zu haben. Das Hotel Bellevue ist entstanden, das bescheidene »italienische Dörfchen« ist zu einer großen Anlage geworden, die Bildergalerie – und das ist die Hauptsache – hat ihren Platz auf dem Neumarkt aufgegeben und sich in einem neu und prächtig errichteten »Museum«, das die beiden alten Zwinger-Flügel verbindet, niedergelassen. Die preußische Herrschaft ist inzwischen noch einen Schritt weiter gegangen und hat den weiten unregelmäßigen Platz, der zwischen Schloß, Theater und Zwinger liegt, zu einem Parade- und Exerzierplatz umgeschaffen.

»Reisebriefe vom Kriegsschauplatz«, Folge I: »Dresden«. Vgl. dazu die Anmerkung auf Seite 28. – Fontane hatte ab 1. Juli 1842 für ein Dreivierteljahr in der Struveschen Apotheke in Dresden gearbeitet, »der absoluten Nummer eins in Deutschland, ich möchte fast sagen in der Welt« (»Von Zwanzig bis Dreißig«, 7. Kapitel), und war später noch mehrfach in der Stadt.

Dresden

Etwa zwei Uhr ging der Zug. Die Fahrt, das Elbtal hinauf, ist entzückend, und die vielgenannten Felspartien, kommend und gehend, umtanzen fast den Reisenden, wie Bäume des Waldes. Angesichts des Königsteins mit seinem dichtbewaldeten Plateau wurden wir des Ausspruchs einiger Artillerie-Offiziere eingedenk, mit denen wir am Abend vorher auf der Brühlschen Terrasse gesessen und die Kühle des Abends durch eine an Zahl immer wachsende »Batterie« bekämpft hatten. Die Herren erzählten unter Lachen, daß es ernstlich beabsichtigt gewesen sei, den Königstein vom Lilienstein aus zu beschießen.

»Reisebriefe vom Kriegsschauplatz«, Folge II: »Nach Prag«. – Im August 1866 hatte Fontane eine zweiwöchige Rechercheréise für sein Buch »Der deutsche Krieg von 1866« (2 Bände, erschienen 1870/71) angetreten, das die preußisch-österreichische Auseinandersetzung um die Vorherrschaft in Deutschland schilderte. In einer Artikelfolge für eine Berliner Zeitung berichtete er im September/Oktober 1866 von der Reise; ein Konvolut dieser verschollenen Artikel aus Fontanes Besitz gelangte auf eine Auktion und wurde 1973 von Christian Andree erstmals veröffentlicht.

Elbsandsteingebirge

Es ist doch ein himmlisches Arbeiten in solcher Berges- und Feiertagsstille. Dann und wann ein Eisenbahnpfiff, ein Läuten an der Hotelglocke, eine kurze Korridorunterhaltung und – alles ist wieder still. Man empfindet dabei doch schmerzlich und beinah ärgerlich, was unserm großstädtischen Leben fehlt. Das helle Licht hat seine dunklen Schatten. Daß die große Stadt das helle Licht ist, das ich nicht aufgeben möchte, ist außer Frage; aber daß es ihr an Muße fehlt und daß alles das nicht recht gedeihen will, was des Ausgetragenwerdens bedarf, ist ebenso gewiß. (...)
Es ist noch nicht voll hier. Aber eben dadurch angenehm. Auf dem großen, zeltartig überspannten Balkon mit der Aussicht auf Roßtrappe und Bodetal sitzen einzelne Paare mit oder ohne Kinder, und ich empfinde dabei mit flüchtigem Schmerz, um wie viele schöne Wochen wir uns dadurch gebracht haben, daß wir nicht zusammen reisen können oder reisen konnten. Wen die Schuld trifft, magst Du selbst entscheiden. Was wir jetzt noch davon haben können, ist ein Herbstestag. Man genießt ihn freilich doppelt, er ist schöner als der Sommer, aber es mischt sich das Gefühl ein: es ist bald vorbei. Bald vorbei, auch wenn man lebt.
Das ganze Leben hier erinnert sehr an Kösen. Doch würd' ich Kösen und Thüringen überhaupt den Vorzug geben. Die Gründe sind mannigfach: Thüringen – trotzdem ihm der pittoreske Gebirgscharakter, den der Harz verschiedentlich hat, fehlen mag – ist doch reicher, nobler, großartiger. Hier zuerst empfind' ich, daß die Edeltanne edler ist als das Laubholz, besonders wenn es so jung auftritt wie hier.

Brief an seine Frau Emilie, Thale, 20. Mai 1868. – Nach Thüringen und zu den Schlachtfeldern des Krieges von 1866 fuhren Fontane und seine Frau erstmals im August 1867 (dabei wurde auch das befreundete Ehepaar Zöllner in Kösen besucht); ein weiterer Thüringen-Aufenthalt erfolgte 1873. Von beiden Reisen gibt es (veröffentlichte) Notiz- und Tagebücher.

Thüringen

So was von Wetter hab ich noch kaum erlebt, wenigstens nicht um Mitte August: Regen und Wind wechseln beständig, und wenn beide mal nachlassen, so hängt ein grauer Sack über den ganzen Himmel hin; nur am Horizont ist immer ein breiter Lichtstreifen, den die versteckte Sonne von irgendwoher schickt, und dieser Lichtstreifen sorgt allerdings für entzückende Landschaftsbilder und bietet Trost und Hoffnung. Jedenfalls bin ich froh, nicht in Berlin zu sein, wo mir dies Wetter, unter Heranziehung von Kanalluft, eine völlige Nervenpleite zuziehen würde (...) für nervöse Menschen ist und bleibt Berlin ein miserabler Sommeraufenthalt; man läßt sich dadurch täuschen, daß es überall ganz gut aussieht, ja stellenweis sogar sehr hübsch, aber *gesund* ist es nicht.

Brief an seine Frau Emilie, Wernigerode, 14. August 1880. – Der Harz war zwischen 1877 und 1884 das bevorzugte Ziel von Fontanes Sommerfrischen, oft von seiner Frau begleitet. In Wernigerodes Umgebung spielt seine Novelle »Ellernklipp« (1881), in Thale »Cécile« (vgl. Seite 34).

Harz

Um 6 ¾ brachen wir auf, marschierten bis an den »Waldkater«, stiegen die 1000 Stufen bis zum Hexentanzplatz hinauf und nahmen oben unsren Kaffe. Der Blick von der Klippe dort oben ist allerdings großartig. Dann marschierten wir weiter, auf der Bergeshöhe hin, durch einen Laubholz-Wald, (…), passierten den »weißen Hirsch«, wo drei Teckel mich stellten und einer mich in die Wade biß, und erreichten endlich, nach einigen kleinen Verirrungen, das vielgerühmte Treseburg. Es liegt, ähnlich wie Ilmenau, in einem Kessel, ist aber heller, sonniger und unbedeutender. Wir labten uns an Hammelbraten und Faßbier und traten unsren Rückweg durch das Bodetal an. So weit war alles gut. Trotz aller Beschreibungen indes verfehlten wir den Steg, der über die Bode auf deren rechtes Ufer führt, und wurden endlich gewahr, daß wir uns auf einem Bergkamm-Weg befanden, der uns zur Roßtrappe geführt haben würde. Dahin wollten wir aber nicht. Ich proponierte also, am Berg-Abhang hinab, unter geschickter Benutzung der Bäume und Sträucher, bis zur Bode hinabzuklettern und dann barfuß, mit aufgekrempelten Hosen, den Fluß zu überschreiten. (…) Bergab ging's; nun Stiefel aus, die Strümpfe wurden hineingestopft und links die Stiefel, rechts das Paletot hochgehalten, unter beständigem Balancieren ging es durch. (…) auf einem prächtigen Wiesenrasen erholten wir uns, machten uns wieder zurecht und marschierten nun auf der richtigen Seite, am Bodekessel und der Teufelsbrücke vorbei, wieder bis zu unsrem Hotel.

Brief von Theodor Fontane an seine Ehefrau Emilie, Thale, 22. Mai 1868. – Der 1887 erschienene Roman »Cécile« hat in seinem ersten Teil überwiegend Thale im Harz und das Hotel »Zehnpfund« zum Schauplatz, in dem auch Fontane wohnte; dort entwarf er den ersten Abriss des Romans (»… heute früh hab ich denn auch alles in 14 Kapiteln niedergeschrieben. D. h. ganz kurz, jedes Kapitel ein Blatt.« – an Emilie, 20. Juni 1884).

Harz

In der Stadt selbst hab' ich das Rathaus und den Dom genauer in Augenschein genommen, beide *zum Teil* aus der Zeit Karls des Großen (gest. 814) herrührend. Im großen ganzen wird mit dem ollen Kaiser hier ein lächerlicher Mißbrauch getrieben: in jedem alten Pfuhl oder Weiher soll er gebadet, auf jedem großen Feldstein gesessen, unter jeder verkrüppelten Eiche geschlafen haben, und es wundert mich fast, daß man die berühmten Schwefelwasserstoffquellen hierselbst nicht dadurch erklärt, daß man sie ›mit den Blähungen Karls des Großen gesättigtes Quellwasser‹ nennt. Der gotische, seit kurzem wiederhergestellte große Rathaussaal, in dem 36 Kaiser gekrönt worden sind, ist von einer außerordentlichen Schönheit und interessierte mich mehr als der achteckige Kuppelbau des Domes, den ich gestern während des Hochamts Muße hatte, in Augenschein zu nehmen. (...)
Die Umgebung Aachens ist recht hübsch – *»schön«* wäre zuviel gesagt. Die Stadt liegt in einem Talkessel, mäßig hohe Hügel umgeben sie von allen Seiten. Von einigen der höchsten Punkte aus genießt man einen reizenden Umblick, und sowohl die Stadt diesseits wie die weite und reiche Landschaft jenseits des Hügelringes gewährt eine Fülle wechselnder, aber immer lieblicher Bilder. Die Landschaft jenseits der Berge hat die allergrößte Ähnlichkeit mit unsrem Oderbruch, wenn man vom Seelower Berge aus, bei günstiger Beleuchtung, in das Tiefland hineinblickt.

Brief an seine Frau Emilie, Aachen, 12. April 1852. – Fontanes zweite Englandreise im Auftrag der ministeriellen Preußischen (Adler-)Zeitung führte ihn auf dem Hin- wie auch auf dem Rückweg über Aachen, wo die Familie eines Bruders seiner Mutter lebte.

Aachen

Das Wetter war Anfangs neblig, dann windig, dann kam ein starker Regenschauer, das alles störte aber doch kaum eine halbe Stunde, und im Wesentlichen war just das Wetter, das ich liebe. Es ist nicht zu leugnen, daß diese Rheinfahrt etwas Entzückendes hat: die Felsenufer mit ihren Weingeländen, die malerischen Dörfer, die sich in dichter Reihenfolge am Ufer hinziehn, die prächtigen Kirchen und Stadttürme, die Burgen (meist Ruinen, einzelne restauriert, eine sogar glücklich *erhalten*, ich glaube die »Marksburg«) – das alles schafft hier ein Panorama, wie es die Welt wahrscheinlich nicht zum zweiten Male besitzt. *Es ist lächerlich, das leugnen zu wollen.* Man braucht diesen Dingen gegenüber nicht zu verhimmeln, man kann im Einzelnen tadeln, man kann hier und da sagen, »das gefällt mir nicht sehr« oder »ich hab' mir das schöner gedacht«, das Endresultat wird immer das sein: als *Ganzes* unübertroffen.

»Rheinreise 1865«, Notizbuch, 1. September. – Vom 26. August bis 21. September 1865 unternahm Fontane seine erste Rheinreise, die ihn von Köln bis nach Basel führte mit anschließendem Erholungsaufenthalt in Interlaken. Auf der Hinfahrt zur zweiten Italienreise 1875 wählte er seine Route ebenfalls am Rhein entlang von Frankfurt bis zum Rheinfall bei Schaffhausen.

Rheinlandschaft

Schönheit der Natur (und zwar *jeder* Art von Natur, denn es kommen auch Flachlandschaften und Fernsichten vor), große historische Erinnerungen, Traditionen alter deutscher Kaiserpracht, Sagen und Legenden, mustergültige Baudenkmäler (und zwar zu Dutzenden), buntes heitres Leben und der schönste Wein, alles kommt hier zusammen, um diesen Fleck Erde allerdings zu dem beschauens- und begehrenswertesten zu machen, den man sich denken kann.

»Rheinreise 1865«, Notizbuch, 1. September. – Auszüge daraus wurden erstmals 1951 veröffentlicht, der erste Gesamtdruck erfolgte 1971 in den »Fontane-Blättern«, herausgegeben von Sonja Wüsten und basierend auf dem Original, das sich im Potsdamer Fontane-Archiv befindet.

Rheinlandschaft

Als ich gestern Mittag meine Briefe (…) zur Post gegeben hatte, besuchte ich Börse, Rathaus, Rathauskeller. Es war mir alles sehr interessant. Die Börse, erst 12 oder 14 Jahre alt, ist sehr schön und gefällt mir besser als Hitzigs in Berlin, die, glaub ich, überhaupt nicht zu seinen Glanzleistungen gehört. Der große Rathaussaal voller Bilder, Holzschnitzereien und Schiffsmodelle, fesselte mich über eine Stunde. Ein Rathausdiener machte den Cicerone: ›diese Stühle sind aus dem Jahre 1761, diese Uhr ist beinah 500 Jahre alt, diese Kaiserbilder sind aus dem Jahre 1524.‹ Ich sagte ihm: ›die Stühle sind aus dem Jahre 1810, die Uhr ist höchstens 250 Jahre alt und die Kaiserbilder sind nicht von 1524 sondern von 1824.‹ Es ist unglaublich, was einem in Schlössern und Kirchen und Rathäusern alles vorgequatscht wird.

Brief an seine Frau Emilie, Emden, 18. Juli 1880. – Bremen war Station einer Reise, die Fontane ins Emsland unternahm, um in Archiven für das »Wanderungen«-Kapitel über Hoppenrade (Band »Fünf Schlösser«) zu recherchieren, aber auch für seine Novelle »Die Likedeeler« (vgl. Anmerkung auf Seite 54).

Bremen

Die alten lieben Bilder, in ihrem Wechsel immer wieder anziehend. Rehberge. Charlottenburg, Luch, immer saftiger, grüner, immer frischer, feuchter bis die kleinen Flußwindungen durch Wiesenland mit niedrigen Häusern und hohen Strohdächern kommen. (...)
Um 6 ½ nach Kiel. Bis Pinneberg sehr hübsch; ein Bild fruchtbarer holsteinscher Landschaft, Fruchtfelder, Gehöfte, Knicks, Baumgruppen; als Einfassung vielfach die *Eberesche* statt des *Heckendorns*.

»Der Schleswig-Holsteinsche Krieg im Jahre 1864«. – Mit Schleswig-Holstein verbanden den Kriegsberichterstatter Fontane über viele Jahrzehnte Freundschaften und Kontakte zu Autoren wie Theodor Storm (1817–1888) und Klaus Groth (1819–1899).

Schleswig-Holstein

Der Reisende, der von Süden kommt, ist gewöhnlich entzückt über die reizende Lage Schleswigs, das sich hufeisenförmig um die Schlei ausbreitet und von sanft ansteigenden Höhen eingeschlossen ist, auf denen zum Teil die prächtigsten Buchenwaldungen stehen. Je näher man kommt, desto angenehmer ist der Eindruck, den Stadt und Landschaft ausüben. Der altehrwürdige Dom mit seinem winzigen Türmchen, das prächtige Schloß Gottorp mit seinen historischen Erinnerungen, die Michaeliskirche und selbst die Windmühle auf dem Gallberge, die kleinen, mit Blumen gezierten Häuschen, vor allem der Blick auf die *Schlei* (samt der sagenreichen Möweninsel), über die, zumal um die Sommerzeit, leise Nebel hinziehen, schaffen hier einen Zauber, dem sich wohl wenige, die zuerst dieser Stadt ansichtig wurden, zu entziehen wußten. Stille ist hier, Behagen, Sauberkeit, dazu jener romantisch-historische Ton, den alte Städte immer zu haben pflegen.

»Der Schleswig-Holsteinsche Krieg im Jahre 1864«, Kapitel »Schleswig. Oeversee«. – Das erste der sogenannten Kriegsbücher Fontanes erschien 1866; im Mai 1864 hatte er recherchehalber den Kriegsschauplatz besucht, u.a. auch Schleswig. In seinem Reisetagebuch spricht er Schloss Gottorp jede Schönheit ab: »schlimme Renaissance, ohne Rokoko zu sein«.

Schloss Gottorp

Der Heilige Damm in seiner gegenwärtigen Gestalt zeigt am Meeresstrande hin ein Dutzend Logierhäuser, große und kleine, von denen jene in einem Durcheinander von Hotel- und Kastellstil, diese im Stile englischer Cottages errichtet wurden. Eingepfercht in Wohnungen von drei bis vier Zimmern sitzen hier die Nachkömmlinge der »alten Barone«, das Meer, wenn nicht gerade ein scharfer Nordwestwind weht, langweilig vor sich; kein Boot, kein Schiff, das sichtbar wurde. Sie lesen die Zeitung, spielen Billard oder Whist und frühstücken. Ein wahres Glück, daß man diesem letzteren Geschäft eine gewisse Ausdehnung geben kann. Die Damen baden und schlafen, machen viermal Toilette, genießen die multrige Sumpfluft »unter den Buchen« und lassen gelegentlich über den im Kursaal aufgestellten Flügel ihre Finger hingleiten, nicht um zu spielen, sondern nur um zu prüfen. Eine Musik, wie sie das Vorrecht des Klavierstimmers ist. (...)
Das Meer schweigt, das Leben auch. Dann und wann eine Welle, zu wenig, um die Stille zu unterbrechen. Die Unbefangenheit der alten Tage ist dahin (...)

»Briefe aus Mecklenburg«, 3. Abschnitt: »Doberan«. – Im Juli 1870 hatte sich Fontane in Mecklenburg aufgehalten und zusammen mit Mathilde von Rohr (vgl. Anmerkungen zu Seite 58 und 68) etliche Orte besucht. Ein bereits damals geplanter Abdruck der »Briefe« erfolgte erst 1875 im »Johanniter-Blatt«. Die Abbildung zeigt die 1861–63 errichtete Villa Hirsch, eines jener Logierhäuser, die heute zum Teil verfallen sind und deren Zukunft ungewiss ist.

Villa Hirsch in Heiligendamm

Warnemünde ist der Hafen von Rostock, zugleich sein Charlottenburg. Man erreicht es am bequemsten zu Schiff, auf einem jener vielen Wasseromnibusse, die den Verkehr zwischen Mutter- und Tochterstadt unterhalten. Einer derselben, der alte Wundervogel »Phönix«, nimmt auch uns auf seinen Rücken und trägt uns, während ein leiser Regen fällt und der Regenbogen seine Brücke baut, die Warnow hinunter.
Warnemünde, seinem Renommee nach eine Art Aschenputtel unter den Badeplätzen, ist gar so übel nicht. Was nutzt es, auf alte Schuld rekurrieren und der Zeiten gedenken zu wollen, wo es hier nichts gab wie Flundern und klamme Betten; diese Zeit ist hin, und die norddeutsche Bundesflagge weht jetzt von drei Hoteltürmen über Gerechte und Ungerechte, über Rostocker und Berliner.
Rostocker und Berliner! Das führt uns auf die Einteilung Warnemündes in Viertel oder Reihen oder Quartiere. Es gibt eine »Rostocker Reihe«, an der Warnow hin, und eine »Berliner Reihe« (die freilich zunächst noch den offiziellen Namen *Seestraße* führt), am Strande hin – zwei Stadtteile, die so verschieden voneinander sind wie ihre sommerlichen Insassen. Die Rostocker Reihe, wenn nicht gerade ein Nordost weht, liegt unterm Wind, die Warnow fließt eingedämmt daran vorüber, die Fischer spannen ihre Netze, und eine eigentümliche Bollwerksluft, in der sich, den ganzen Juli hindurch, Lindenblüte und Teer und Seetang eigentümlich mischen, zieht die Häuserfronten entlang. Wie anders die Berliner Reihe! Hier weht es beständig, das Wetter springt launenhaft um, Sommerjoppe und Winterpaletot wechseln des Tages viermal die Herrschaft, und das Meer liegt weit offen da gegen Norden. Im Rostocker Viertel alles Stille und Behagen, auch eine gewisse Enge; im Berliner Viertel eine immer frische Brise und der Blick ins Weite.

»Briefe aus Mecklenburg«, 2. Abschnitt: »Warnemünde«; vgl. Anmerkung auf Seite 48. – Fontane weilte mehrfach in Warnemünde, um zu urlauben und um zu arbeiten (»Wanderungen« und »Aus den Tagen der Okkupation«). Im benachbarten Rostock lebte zudem sein Jugendfreund Friedrich Witte, beide Familien verband eine enge Freundschaft.

Warnemünde

Die letzten 3 Tage waren überreich, auch einigermaßen reich an Strapazen, zweimalige Seekrankheit mit eingerechnet. Ich war in Stubbenkammer, am Hertha-See, in Lohme (dem nördlichsten der Rügener Bäder), in Arkona und seinem zerstörten Wenden-Tempel. Alles interessant, am interessantesten aber, daß mich die ganze Szenerie von Lohme und Arkona beständig an Sorrent erinnerte. (...) Ich habe bis jetzt alle Ursach, mit meiner Rügenfahrt zufrieden zu sein. Ein gewisses Raubsystem existiert freilich, das in Schlesien meist noch fehlt, aber die Vertreter dieses Systems sind meist Fremde; die eigentliche Landesbevölkerung ist gut, am meisten das Schiffer- und Fischervolk. In Lohme habe ich von »Stammgästen« viel darüber gehört.
Ich will nun heute nach Bergen zurück, dort noch Einiges sehn und dann morgen von Bergen nach Puttbus und den an der Küste von Mönkgut gelegenen Bädern.

Brief an seine Tochter Martha (Mete), Saßnitz, 13. September 1884. – Der Rügen-Besuch Fontanes fand vom 7. bis 14. September 1884 statt. Aus demselben Jahr stammt das Fragment »Sommers am Meer«, in dem er seine Erinnerungen an verschiedene Reisen zusammenfassen wollte. Die an Rügen hat er in einem separaten Text (1884) ausgearbeitet, der die Abschnitte »Stralsund«, »Der Rugard« und »Putbus« umfasst.

Rügen

Das Kampieren im Freien war jedesmal ein unendlicher Genuß für mich. Wir hatten verschiedene Lagerstellen; eine war in den tiefen Sandgruben am Kirchhof, eine zweite zwischen den Dünen (...) und eine dritte, mehr landeinwärts, in den Moorgründen, die sich mit ihren hundert Torfpyramiden und ebenso vielen dunklen Wasserlachen von den Ausläufern der Stadt her bis nach Corswandt und Kamminke zogen. Aber mehr noch liebten wir eine Waldstelle, nahe bei Heringsdorf, die »Störtebeckers Kul'« hieß. Dies war ein tiefes Loch, richtiger ein mächtiger Erdtrichter, drin der Seeräuber Störtebecker, der zu Anfang des 15. Jahrhunderts die Nord- und Ostsee beherrschte, mit seinen Leuten gelagert haben sollte. Gerade so wie wir jetzt. Das gab mir ein ungeheures Hochgefühl, Störtebecker und ich. Was mußte ich für ein Kerl sein!

»Meine Kinderjahre«, 17. Kapitel: »Allerlei Gewölk«. – Bereits in »Sommers am Meer« (vgl. Anmerkung auf Seite 52) hatte Fontane am Schluss einen Abschnitt »Swinemünde. Knaben-Erinnerungen« aufgeführt, den er dann einige Jahre später in seinem »autobiographischen Roman« (1894) realisierte. Auch die Störtebeker-Historie ließ ihn nicht los: Ab 1880 und verstärkt 1895 hatte er an »Die Likedeeler« (Gleichmacher) gearbeitet, einem Roman über eine frühkommunistische Gemeinschaft in Ostfriesland, der aber Fragment geblieben ist.

Usedom

Ich habe nun das Meer zu allen Tageszeiten gesehen, grau, grün, blau, mit und ohne Wellen, bei Mond- und Sonnenschein, und ich habe nun nachgerade ein Gefühl davon: ja, so schön das ist, man kann doch nicht immer bloß aufs Meer blicken. Dazu kommt wohl, daß ich auch hier immer erkältet bin, also alles nur halb genieße. Wäre ich ein brillanter Fußwandrer, der die Insel nach allen Seiten hin durchstreifen, Abwechslung in die Bilder bringen, auch wohl mit dem Volk in Berührung kommen könnte, so wäre das ein ander Ding; wie es aber ist, so ist es schön, aber langweilig, trotz der Bekanntschaften, die ich hier gemacht oder erneuert habe. Nur eines bleibt, *die Luft,* die dem ganzen alten body wie ein Balsam ist. Und das ist doch die Hauptsache.

Brief an seine Frau Emilie, Heringsdorf, 30. August 1863. – Fontane hatte die letzte Augustwoche an der Ostsee verbracht und Stätten seiner Kindheit aufgesucht. Seine Begeisterung war derart groß, dass er im Brief vom 24. August an Emilie den Plan umschrieb, in Ahlbeck ein Haus zu bauen, das sich aus Vermietungen quasi selber finanzieren würde.

Ostsee

Dobbertin ist eins jener adligen Fräuleinstifte, denen wir im protestantischen Norddeutschland an den verschiedensten Stellen begegnen (...)
Kein poetischerer Aufenthalt denkbar! Das Zimmer, darin wir das Frühstück und abends den Tee zu nehmen pflegten, hatte ganz den Klostercharakter, denn aus seiner Mitte stieg ein schlanker, oben palmenfächriger Pfeiler auf; halb verdeckt davon aber stand ein Schaukelstuhl, von dem aus ich, wenn ich mich im Pfeilerschatten hin und her wiegte, mal links, mal rechts das Kohlenfeuer sah, das in dem altmodischen Kamin still verglühte. Denn ein Feuer war immer da und auch nötig, trotzdem wir mitten im Sommer waren. Um die Fenster rankte sich Blattwerk mit großen gelben Tulpenblumen dazwischen, die bis aufs Dach hinaufwuchsen und dies auf seiner Unterhälfte fast überdeckten. Um all die Baulichkeiten herum lagen Gärten, auch ein Stück Park, und wenn man diesen mit der Richtung auf die Kirche zu durchschritt, kam man zuletzt an den Dobbertiner See, in dessen Nähe sich tagsüber nichts regte, bis dann bei Sonnenuntergang die Dohlen und Krähen zu vielen Tausenden von einem Eichenkamp her herüberkamen, um auf Turm und Kirchendach eine kurze Beratung abzuhalten.

»Mathilde von Rohr«, biographischer Essay in der Zeitschrift »Daheim«, März 1892, später (ab 8. Auflage, 1903) in »Wanderungen«, 1. Teil: »Die Grafschaft Ruppin«. – Die Adlige (1810–1889) lebte seit 1869 in dem zu einem Damenstift umgewandelten ehemaligen Kloster Dobbertin in Mecklenburg. Dort erinnert heute eine Ausstellung im Konventsaal an die Besuche Fontanes in Dobbertin; auch die Veranstaltungen des Theodor-Fontane-Kreises M/V finden darin statt.

Kloster Dobbertin

Zwei Badestege laufen weit und klapprig in die Müritz hinein; am Ende der zwei Stege stehen zwei Badehäuser, und über die Badehäuser weg kucken die zwei Warener Türme, vom andern Ufer her, herüber. Auf dem, was dazwischen liegt, treibt die Zille ihr Wesen. Es ist sehr schön hier, eine frische Luft, eine behäbige Bevölkerung und eine feudale Verpflegung (...)
Die hohe Sanddüne, auf der wir wohnen (...) ist zur Zeit mit 3 nebeneinander gelegenen Villen besetzt, von denen die mittlere den bedenklichen Namen Villa Zwick führt. Es hat uns aber noch nichts gezwickt, weder moralisch noch physisch. Die Mücke tritt ganz vereinzelt auf; Floh vacat.
Die Villa links neben uns führt auf ihrem Giebel die weit in den See hineinleuchtende Inschrift ›Villa Meta‹, was wir wie Namensraub, jedenfalls aber als Ungehörigkeit auffassen. Die Villa rechts gehört dem Bildhauer *Thomas*, der sich, in einem kolossalen Tattrichzustande (er weinte immer), von Berlin aus hierher zurückgezogen und bei Kürbis- und Melonenzucht seine Nerven wiederhergestellt hat.

Brief an seinen Freund Karl Zöllner, Waren, 30. August 1896. – Die drei erwähnten Villen standen dort, wo sich die heutige Fontanestraße erstreckt. Der Dichter wohnte mit Frau und Tochter in der Villa Zwick. Nachdem Mete 1899 den Architekten K.E.O. Fritsch geheiratet hatte, kauften sie 1900 die erwähnte Bildhauer-Villa und bauten sie um. Sie lebten dann dort und in Berlin. Mete starb 1917 in Waren und liegt dort begraben.

Waren an der Müritz

Es ist noch Platz auf dem Pürschwagen (vorne der Kutscher und der Herr), und ein Kissen und eine Decke harren des neuen Gastes. Die Zeit für die Decke wird kommen, die Zeit für das Kissen aber ist schon da, denn über Stubben und Wurzeln fort geht es bereits weglos und holterdiepolter in den Wald hinein. Die jungen Zweige fegen uns die Augen aus; jetzt Moorgrund, jetzt raschelndes Laub; jetzt über den Graben und jetzt über niedergestürzte Bäume hin, deren schon angefaultes Holz unter dem Drucke der Räder zerbricht und in Moderstaub aufwirbelt. (…)
So still der Wald, und doch erzählt er auf Schritt und Tritt, freilich mehr Ernstes als Heiteres. Wo der Pascher ein Jahrhundert lang zu Hause war, wo Förster und Wildschütz ihre nicht endende Fehde führen, wo der Sturm die Bäume bricht und die tiefen Waldseen, die sich von uralter Zeit her einen Hang nach Menschenopfern bewahrt haben, ihre Polypenarme phantastisch ausstrecken, da sind immer »Geschichten« zu Haus. (…)
So ging das Geplauder, als plötzlich, zwischen den Stämmen hin, eine weite Wasserfläche sichtbar wurde, darauf hell und blendend fast die späte Nachmittagssonne flimmerte. »Das ist der Stechlin«, hieß es. Und im nächsten Augenblicke sprangen wir ab und schritten auf ihn zu.
Da lag er vor uns, der buchtenreiche See, geheimnisvoll, einem Stummen gleich, den es zu sprechen drängt. Aber die ungelöste Zunge weigert ihm den Dienst, und was er sagen will, bleibt ungesagt. Und nun setzten wir uns an den Rand eines Vorsprungs und horchten auf die Stille. *Die* blieb, wie sie war: kein Boot, kein Vogel; auch kein Gewölk. Nur Grün und Blau und Sonne.

»Wanderungen«, 1. Teil: »Die Grafschaft Ruppin«, Kapitel »Die Ruppiner Schweiz«, Abschnitt »Die Menzer Forst und der Große Stechlin«. – Dieser »Wanderungen«-Abschnitt wurde erstmals in die 3. Auflage (1875) eingefügt, nachdem Fontane Ende 1873 zur Recherche eine Reise durch das Ruppiner Land unternommen hatte: »An diese Tage knüpfen sich die besten Kapitel meiner ›Wanderungen‹« (Brief vom 12. Oktober 1873 an den Neuruppiner Unternehmer Alexander Gentz, der ihn begleitete).

Großer Stechlinsee

Treten wir unsere Wanderung an. Vor dem malerisch im Schatten hoher Linden gelegenen Rathaus, in dessen Erdgeschoß sich auch die Hauptwache befindet, ruht auf leichter Lafette eine 1849er Kriegstrophäe, während in Front des stattlichen Gymnasialgebäudes (auf das wir weiterhin in einem eignen Kapitel zurückkommen) die Bronzestatue König Friedrich Wilhelms II. aufragt, die die Stadt nach dem großen Feuer von 1787 ihrem Wiedererbauer errichtete. (...)
Mehr als dies Denkmal nimmt unsere Aufmerksamkeit die alte *Klosterkirche* in Anspruch, die sich an der Ostseite der Stadt in unmittelbarer Nähe des Sees erhebt und das einzige Gebäude von Bedeutung ist, das bei dem mehrerwähnten großen Brande verschont blieb. Diese Klosterkirche ist ein alter, in gotischem Stile aufgeführter Backsteinbau aus dem Jahre 1253 und gehörte dem unmittelbar daneben gelegenen Dominikanerkloster zu, von dem seit Restaurierung der Kirche auch die letzten Spuren verschwunden sind. Über diese Restaurierung selbst gibt eine die halbe Wand des Kirchenschiffs bedeckende Inschrift folgende Auskunft (...) Ähnliche Notizen im Lapidarstil gesellen sich hinzu und mindern in etwas den Eindruck äußerster Kahlheit und Öde, woran die sonst schöne Kirche bedenklich leidet. Dies Verfahren, durch Inschriften zu beleben und anzuregen, sollte überhaupt überall da nachgeahmt werden, wo man zur Restaurierung alter Baudenkmäler schreitet. Selbst Leuten von Fach sind solche Notizen gemeinhin willkommen, dem Laien aber geht erst aus ihnen die ganze Bedeutung auf. *Und zu diesen Laien gehört vor allem die Gemeinde selbst.* Ohne solche Hinweise weiß sie selten, welche Schätze sie besitzt.

»Wanderungen«, 1. Teil: »Die Grafschaft Ruppin«, Kapitel »Neuruppin«, Abschnitt 1: »Ein Gang durch die Stadt. Die Klosterkirche«. – Fontane war zwar in Neuruppin geboren worden und hatte dort das Gymnasium besucht, kannte sich aber in der Stadtgeschichte verständlicherweise nicht aus und musste sie auf zahlreichen Reisen recherchieren, unterstützt von seiner Schwester Elise, die dort mit ihrer Mutter lebte. Die Klosterkirche hatte 1859/61, als Fontane über sie schrieb, noch einen von Schinkel geplanten Holzturm; die Doppeltürme gibt es erst seit 1908.

Neuruppin

Kronprinz Friedrich hatte vier volle Jahre, von 1732 bis 1736, seinen festen Wohnsitz in Ruppin (…) Die Stadtwohnung läßt viel zu wünschen übrig, aber es bedrückt nicht, denn wenigstens die Sommermonate gehören dem »Garten am Wall«. Hier lebt er heitere, mußevolle Stunden, die Vorläufer jener berühmt gewordenen Tage von Rheinsberg und Sanssouci (…) Da blüht es und duftet es; Levkojen und Melonen werden gezogen, und auf leis ansteigender Erhöhung erhebt sich der »Tempel«, der Vereinigungspunkt des Freundeskreises, den der Kronprinz hier allabendlich um sich versammelt. (…)
Hier im Garten ist noch manches, wie's ehedem war. Allerhand Neubauten entstanden, aber die Einfassung blieb, und die hohen Platanen im Hintergrunde, die über die Mauer hinweg mit den draußen stehenden Bäumen Zwiesprach halten, sind noch lebendige Zeugen aus den friderizianischen Tagen her. Vor allem existiert noch der »Tempel« selbst. Aber freilich, es sind keine Säulen mehr, die das Kuppeldach tragen, sondern ein solides Mauerwerk mit Tür und Fenstern ist an ihre Stelle getreten und bildet ein mäßig großes Rundzimmer, das eben ausreicht zu einem Souper zu sechs.

»Wanderungen«, 1. Teil: »Die Grafschaft Ruppin«, Kapitel »Neuruppin«, Abschnitt 5: »Kronprinz Friedrich in Ruppin«. – Auch dieser Text entstand 1859 und widmete sich den Neuruppiner Jahren des späteren Königs Friedrich II.; der angesprochene »Wall« ist »ein Überrest mittelalterlicher Befestigungen, jetzt eine mit alten Eichen und jungem Nachwuchs dicht bestandene Promenade der Ruppiner« (ebenda).

Tempel in Neuruppin

Sieben schöne Wochen, die wir in Venedig, Florenz, Rom u. Neapel zubrachten, liegen hinter uns; unsre Erwartungen sind fast noch übertroffen worden, dennoch sind wir froh, nun wieder in der Heimat zu sein (...) Vor 30 Jahren hätten mich nicht zehn Pferde von Neapel weggekriegt, und ich würde Kopf und Kragen daran gesetzt haben, mein Leben, oder doch ein bestes Stück davon, dem Studium Pompejis und seiner ausgegrabenen, wunderbaren Schätze zu widmen. *Jetzt* konnte mir dieser Wunsch nicht mehr kommen, kaum der Gedanke. All dieser Herrlichkeit gegenüber empfand ich deutlich, und nicht einmal schmerzlich, daß meine bescheidene Lebensaufgabe nicht am Golf von Neapel, sondern an Spree und Havel, nicht am Vesuv, sondern an den Müggelsbergen liegt (...) Wenn es Zweck des Reisens ist, sich zu enthusiasmieren und innerhalb des Enthusiasmus sich glücklich zu fühlen, so kann man nicht früh genug auf Reisen gehen, handelt es sich umgekehrt um jene gerechte Würdigung, die verständig gewissenhaft abwägt zwischen Daheim und Fremde, zwischen Altem und Neuem, so kann man seinen Wanderstab nicht spät genug in die Hand nehmen.

Brief an Mathilde von Rohr, Berlin, 24. November 1874. – Der Dichter kannte die Adlige aus Berlin, wo sie bis zu ihrer Übersiedlung nach Dobbertin einen literarischen Salon führte. 230 überlieferte Briefe an die Vertraute bezeugen eine enge Freundschaft. Im »Stechlin« hat Fontane der Konventualin mit der Domina Adelheid ein literarisches Denkmal gesetzt.

Havelland

Als wir den entgegengesetzten Waldrand nahezu erreicht hatten, nahm unser Führer die Tete und brach mit dem Kommando »halb rechts« in das Unterholz der Bütenheide ein. Es schien undurchdringliches Gestrüpp, bald aber lichtete es sich wieder, und in eine breite, durch den Forst gehauene Avenue tretend, hatten wir die Königseiche auf etwa dreihundert Schritte vor uns. Wir ließen sie zunächst als ein Ganzes auf uns wirken. Sie steht da wie ein Riesenskelett mit gen Himmel gehobenen Händen. Die Avenue hat ganz den Charakter eines feierlichen Aufgangs, einer Trauerallee, die zu einem Denkmal oder Mausoleum führt. Erst ein Weißbuchen-, dann, immer schmaler werdend, ein Weißdornspalier, bis die Avenue in einen tannenumstellten Kreis mündet, aus dessen Mitte die »Königseiche« aufsteigt.
Sie führt ihren Namen mit Recht. Es ist ein majestätischer Baum, acht Fuß Durchmesser, achtzig bis hundert Fuß hoch; man braucht zwanzig Schritt, ihn zu umschreiten. Sein Holzinhalt wird auf fünfundzwanzig Klafter und sein Alter auf tausend Jahre berechnet. Bis vor kurzem lebte er noch; seit etwa drei Jahren indes ist er völlig tot, nirgends ein grünes Blatt, die Rinde halb abgefallen. Aber noch im Tode ist er gesund. Alles Kernholz. Die Forstleute sagen: er steht noch hundert Jahr. Dem wird jeder zustimmen, der die »Königseiche« sieht. Auf einen Laien macht sie den Eindruck, als halte sie nur einen langen Winterschlaf, als brauche sie dazu mehr Zeit als junge Bäume und müsse deshalb ein paar Sommer überschlagen, aber als sei ihr Erwachen unter allen Umständen gewiß und als würd es binnen kurzem im ganzen Brieselang heißen: sie lebt wieder.

»Wanderungen«, 3. Teil: »Havelland«, Kapitel »Spandau und Umgebung«, Abschnitt »Der Brieselang. 3. Die Königseiche«. – Gemeinsam mit seinem Freund Bernhard von Lepel hatte Fontane am 21./22. Mai 1870 einen Ausflug in den Brieselang unternommen, eines der ältesten Waldgebiete Brandenburgs westlich von Spandau. An der Straße zwischen den Gemeinden Brieselang und Perwenitz ist die mittlerweile umgestürzte Königseiche noch heute zu bestaunen.

Königseiche

Die erste Gründung der Zisterzienser in der Mark – Zinna war nicht märkisch – war Kloster Lehnin. Es liegt zwei Meilen südlich von Brandenburg, in dem alten Landesteil, der den Namen »die Zauche« trägt. Der Weg dahin, namentlich auf seiner zweiten Hälfte, führt durch alte Klosterdörfer mit prächtigen Baumalleen und pittoresken Häuserfronten, die Landschaft aber, die diese Dörfer umgibt, bietet wenig Besonderes dar und setzt sich aus den üblichen Requisiten märkischer Landschaft zusammen: weite Flächen, Hügelzüge am Horizont, ein See, verstreute Ackerfelder, hier ein Stück Sumpfland, durch das sich Erlenbüsche, und dort ein Stück Sandland, durch das sich Kiefern ziehen. Erst in unmittelbarer Nähe Lehnins, das jetzt ein Städtchen geworden, verschönert sich das Bild, und wir treten in ein Terrain ein, das einer flachen Schale gleicht in deren Mitte sich das Kloster selber erhebt. Der Anblick ist gefällig, die dichten Kronen einer Baumgruppe scheinen Turm und Dach auf ihrem Zweigwerk zu tragen, während Wiesen- und Gartenland jene Baumgruppe und ein Höhenzug wiederum jenes Wiesen- und Gartenland umspannt. Was jetzt Wiese und Garten ist, das war vor 700 Jahren ein eichenbestandener Sumpf, und inmitten dieses Sumpfes wuchs Kloster Lehnin auf, vielleicht im Einklang mit jenem Ordensgesetz aus der ersten strengen Zeit: daß die Klöster von Cisterz immer in Sümpfen und Niederungen, das heißt in ungesunden Gegenden, gebaut werden sollten, damit die Brüder dieses Ordens jederzeit den Tod vor Augen hätten.

»Wanderungen«, 3. Teil: »Havelland«, Kapitel »Die Wenden«, Abschnitt Kloster Lehnin. 1. Die Gründung des Klosters«. – Fontane hatte das Kloster im Herbst 1863 besucht und im folgenden Winter darüber und über das Kloster Chorin die »Wanderungen«-Kapitel verfasst. Dem Thema »Die Zisterzienser in der Mark« hat er einen gesonderten Abschnitt gewidmet.

Kloster Lehnin

Die schönste Stunde im Schloß ist die Morgenstunde. Noch ist alles still; draußen leuchtet ein klarer Septemberhimmel, Luft und Sonne strömen durch das offene Fenster ein. (…) Einzelne Sträucher lachen mit roten Beeren aus dem Unterholz des Parkes hervor; die große Linde, halb herbstlich schon, streut bei jedem Luftzug ein gelbes Blatt auf die Gänge nieder; aber im Fallen zögern einzelne Blätter wieder und raffen sich auf, als überlegten sie, ob sie nicht lieber steigen sollen. Vereinzelte Vogelstimmen singen in den Morgen hinein; sonst alles still; nur das Wasser, nun fast ein Jahrhundert schon, fällt an derselben Stelle melodisch-einförmig über das Wehr, wie ein Ewiges, das die Bilder der Zeitlichkeit umschließt.

»Wanderungen«, 2. Teil: »Das Oderland«, Kapitel »Das Oderbruch und seine Umgebungen«, Abschnitt »Cunersdorf – Zimmer und Säle«. – Der Ort »ist zunächst, ohne seinem eigenen Ruhme zu nahe treten zu wollen, nicht zu verwechseln mit dem berühmten Schlachten-Kunersdorf (zum Unterschied gewöhnlich mit einem K geschrieben), das, weiter östlich, eine halbe Stunde jenseits Frankfurt gelegen ist, während unser Cunersdorf diesseits der Oder zwischen Wriezen und Seelow liegt« (Beginn des Abschnitts). Das Schloss wurde im April 1945 zerstört, Reste des Parks blieben erhalten.

Parklandschaft

Der Neustädter Postillon, einer von den alten, mit zwei Tressen auf dem Arm, bläst zum Sammeln, und während links die weiße Wolke des dampfenden Zuges am Horizont verschwindet, biegt unser Postwagen rechts in die Chaussee ein, die uns auf der ersten Hälfte des Weges abwechselnd über Tal und Hügel, dann aber vom schönen Falkenberg aus, am Fuße des Barnim-Plateaus hin, dem Zielpunkt unserer Reise entgegenführt.

Wie oft bin ich dieses Weges gekommen. Um Pfingsten, wenn die Bäume weiß waren von Blüten, und um Weihnachten, wenn sie weiß waren von Schnee; heut aber machen wir den Weg zur Pflaumenzeit und freuen uns des Segens, der lachend und einladend zugleich an den gestützten Zweigen hängt. Es ist um die vierte Stunde, der Himmel klar, und die niedersteigende Sonne kleidet die herbstliche Landschaft in doppelt schöne Farben. Der Wagen, in dem wir fahren, hindert uns nicht, uns des schönen Bildes zu freuen; es ist keine übliche Postchaise mit Ledergeruch und kleinen Fenstern, es ist einer von den großen Sommerwagen, ein offenes Gefährt mit zwanzig Plätzen und einem »Himmel« darüber, der auf vier Stangen ruht. Dieser »Himmel« – die Urform des Baldachins, der Wagen selbst aber dem alten Geschlecht der Kremser nah verwandt, an deren Stelle mehr und mehr das Kind der Neuzeit, »der Omnibus«, zu treten droht.

»Wanderungen«, 2. Teil: »Das Oderland«, Kapitel »Das Oderbruch und seine Umgebungen«, Abschnitt »Freienwalde. 1. Von Falkenberg nach Freienwalde«. – Fontane kannte die Region bestens, da sein Vater ab 1850 bis zu seinem Tode 1867 in Freienwaldes Nachbarort Schiffmühle lebte. Sein kleines Wohnhaus ist heute eine sehenswerte Fontane-Gedenkstätte; vom Grab des Vaters auf einer Anhöhe hat man einen wunderbaren Blick über das Oderbruch.

Herbstlandschaft

»Der Blumenthal«, das heißt der Blumenthalwald, ist der Name eines großen Forstreviers, das den Hohen-Barnim von Westen nach Osten hin durchzieht und durch die von Berlin nach Wriezen führende Straße fast seiner ganzen Länge nach durchschnitten wird.

»Der Blumenthal« hat seine Romantik. Etwas von dem Zauber Vinetas ist um ihn her, und die Sage von untergegangenen Städten, verschwunden in Wasser oder Wald, begleitet den Reisenden auf Schritt und Tritt. Wer um die Mittagsstunde hier vorüberzieht, der hört aus Schlucht und See herauf ein Klingen und Läuten, und wer gar nachts des Weges kommt, wenn der Mond im ersten Viertel steht, der hat über Stille nicht zu klagen, denn seltsame Stimmen, Rufen und Lachen ziehen neben ihm her.

Und ein schöner Wald ist »der Blumenthal«. Die vielen Seen, die ihn durchschneiden, geben, auch wo sie nicht sichtbar werden, seinem Laub eine duftige Frische, und ein Blühen ist ringsum, als wolle es der Wald immer wieder beweisen: ich bin »der Blumenthal«.

Rapsfelder an den offenen Stellen, die sich breit in den Wald hineindehnen, würzen im Mai die Luft; dem Blühdorn folgt die Hagerose und dem Faulbaum der Akazienstrauch; die roten Erdbeeren lösen sich ab mit den röteren »Malinekens« (wie der Landmann hier, poetischen Klanges, die Himbeeren nennt), und wenn endlich der Herbst kommt, so lachen die Ebereschenbeeren überall aus dem dunklen Blattwerk hervor.

»Wanderungen«, 2. Teil: »Das Oderland«, Kapitel »Auf dem Hohen-Barnim«, Abschnitt »Der Blumenthal«. – Genau zur Rapsblüte hatte Fontane im Frühjahr 1863 den Barnim bereist und Ende September das Manuskript dieses »Wanderungen«-Bandes abgeschlossen, der dann Mitte November erschien. Der Blumenthal ist einer der größten geschlossenen Forste des östlichen Brandenburgs, um ihn ranken sich zahlreiche Sagen und Legenden.

Barnim-Landschaft

Schloss Ribbeck

Epilog

Alles begann mit einer Lesereise durch Reisebücher, Erzählungen, Romane, Gedichte, Briefe Theodor Fontanes, die so umfangreich vorliegen. Fand wunderbare Sprachbilder, die keiner Illustration bedürfen, jedoch meiner Malweise sehr nahe kamen. Konzentrierte mich auf Texte, die sich auf das heutige Deutschland beziehen, obwohl Fontane eine Vielzahl von Reisen in andere europäische Länder unternahm. So vor allem nach England, Schottland, Dänemark, Frankreich, Italien. Wunderbare Reiseschilderungen, wie seine Schottlandreise, die er in »Jenseit des Tweed« niederschrieb.
Nahm so um die 40 Textstellen auf meine Reise. Wanderte zu Orten, Landschaften, die Fontane so eindringlich – voller Gefühl und Sachkenntnis – beschrieben hat. Stellte häufig fest, dass – obwohl vor 150 Jahren geschrieben – vieles noch Aktualität hat. Vor allem seine Landschaftsschilderungen, ob es nun die Rhein-Panoramen, die bizarren Felsstrukturen des Harzes oder die der Sächsischen Schweiz, die Wetterlagen der Ostsee sind, boten immer noch ein Bild des Unveränderten. Und insbesondere die so herbe und melancholische märkische Landschaft. Fontanes Heimat, die er umfassend in seinen »Wanderungen durch die Mark Brandenburg« beschrieben hat. Theodor Fontane bot mir mit seinen Texten eine wunderbare Vorlage, meine Stimmungen beim Aufsuchen seiner Orte malerisch festzuhalten. Es war ein Vergnügen. Mein kleiner Aquarellkasten, die beiden Rotmarderhaarpinsel und die 30 x 40 Zentimeter großen Aquarellblöcke bildeten die Grundlage.
Grundlage des gemalten Bildes war natürlich immer ein realer Ort, um den Bezug des Gesehenen nicht zu verlieren. Die Aquarelle sind ein Dialog zu Fontanes »Sprach-Bildern« und ein Versuch, das geschriebene Wort durch meine Bildsprache noch zu vertiefen.

Hans-Jürgen Gaudeck

Editorische Notiz

Fontanes Texte entstammen den unterschiedlichsten Ausgaben mit jeweils eigenen Editionsprinzipien. Sie werden in diesem Buch in vereinheitlichter Schreibweise präsentiert. Orthographie und Interpunktion wurden behutsam modernisiert, sprachliche Eigenheiten Fontanes blieben erhalten. Wie bei Klassikern üblich, wurde auf die Anwendung der neuen Rechtschreibung verzichtet.

Ebenfalls verzichtet wurde bei den nachfolgenden Quellenangaben auf Zitatnachweise mit Seitenangabe der jeweiligen Edition. Wer sich für den Kontext der Zitate interessiert, wird diese auf Grund der Datumsangaben bei den Briefen und der exakten Kapitelangaben bei Fontanes Werken mühelos in den ihm zur Verfügung stehenden Ausgaben finden.

Quellen

Fontane, Theodor: Briefe in vier Bänden, herausgegeben von Kurt Schreinert, zu Ende geführt von Charlotte Jolles, Propyläen Verlag, Berlin 1968–71

- Band I: Briefe an den Vater, die Mutter und die Frau (Zitate auf den Seiten 32, 42)
- Band III: Briefe an Mathilde von Rohr (Zitate auf den Seiten 52, 68)
- Band IV: Briefe an Karl und Emilie Zöllner und andere Freunde (Zitat auf Seite 60)

Fontane, Theodor: Briefe in zwei Bänden, herausgegeben von Gotthard Erler, Aufbau Verlag, Berlin und Weimar 1980/ Nymphenburger Verlagshandlung, München 1981 (Zitate auf den Seiten 6, 8, 36, 56)

Fontane, Theodor: Von Dreißig bis Achtzig. Sein Leben in seinen Briefen, herausgegeben von Hans-Heinrich Reuter, Dieterichsche Verlagsbuchhandlung, Leipzig 1959 (Zitate auf den Seiten 30, 44)

Nymphenburger Fontane-Ausgabe Sämtliche Werke in 24 Bänden (30 Teilbänden), herausgegeben von Edgar Groß, Kurt Schreinert, Rainer Bachmann, Charlotte Jolles, Jutta Neuendorff-Fürstenau und Peter Bramböck, München (Nymphenburger Verlagshandlung) 1959–75 (=NFA); ihr folgen alle Textzitate, die im Folgenden nicht seitenmäßig aufgeführt sind

- NFA Bd. XVIII, Unterwegs und wieder daheim (Zitate auf den Seiten 38, 40, 48, 50)
- NFA Bd. XXIV, Fragmente und frühe Erzählungen. Nachträge (Zitate auf den Seiten 26, 28)

Zur Abfassung der Anmerkungen wurden ferner herangezogen:
Dieterle, Regina: Die Tochter. Das Leben der Martha Fontane, Carl Hanser Verlag, München 2006
Fricke, Hermann: Theodor Fontane. Chronik seines Lebens, Arani-Verlag, Berlin 1960
Nürnberger, Helmuth/Storch, Dietmar: Fontane-Lexikon. Namen – Stoffe – Zeitgeschichte, Carl Hanser Verlag, München 2007

Hans-Jürgen Gaudeck

1941 Geboren in Berlin,
Diplom-Betriebswirt

1987 Eintritt in die Künstlergruppe MEDITERRANEUM, mit der er mehrere Jahre auf der Freien Berliner Kunstausstellung vertreten war

Einzelausstellungen u.a.

Kloster Dobbertin, Schloss Sacrow-Potsdam, Griechische Kulturstiftung Berlin, Vin d'Oc, PrivateBankingCenter der Berliner Volksbank, Bankhaus Löbbecke, Galerie S, Galerie Kulturhaus Spandau, Galerie am Havelufer, Galerie Jasna Schauwecker, Galerie der Kulturen im KOKON Lenbach-Palais München, Galerie Alte Schule Ahrenshoop, Pinakothek Korfu

Aquarelle

Werke im privaten und öffentlichen Besitz

Weitere Bücher dieser Reihe

Perlen der Ostsee; Eva Strittmatter – Märkischer Juni; Von London bis Pompeji mit Theodor Fontane; Rainer Maria Rilke – Oh hoher Baum des Schauns; Eva Strittmatter – Und Liebe liebt niemals vergebens; Masuren – Land der Stille; Norwegen – Faszination Hurtigruten; Hans Fallada – Ich weiß ein Haus am Wasser; Antonio Vivaldi – Die vier Jahreszeiten; Eichendorff – Wenn die Bäume lieblich rauschen

www.gaudeck.com

Theodor Fontane

1819	Geboren in Neuruppin
1847	Approbation als »Apotheker erster Klasse«
ab 1849	Schriftsteller (Romane, Novellen, Erzählungen, Balladen, Gedichte) und Journalist, Publizist, Kritiker, Herausgeber, Privatlehrer
1855–1859	Pressekorrespondent in London
1870–1889	Nebentätigkeit als Theaterkritiker der Königlich privilegirten Berlinischen Zeitung von Staats- und gelehrten Sachen (Vossische Zeitung)
1898	Gestorben in Berlin

Ehrungen

Ehrengabe der Deutschen Schillerstiftung 1891
Ehrendoktorwürde der Philosophischen Fakultät der Friedrich-Wilhelms Universität Berlin 1894

Bücher – eine Auswahl

Jenseit des Tweed; Wanderungen durch die Mark Brandenburg; Vor dem Sturm; Grete Minde; Ellernklipp; Schach von Wuthenow; Irrungen, Wirrungen; Stine; Effi Briest; Die Poggenpuhls; Der Stechlin

Weitere Bücher zu Theodor Fontane im Steffen Verlag

Theodor Fontane | Lars Franke
Fontane für die Hosentasche –
Auf den Spuren Theodor Fontanes
durch Berlin und Brandenburg
160 Seiten | ISBN 978-3-941683-98-3

Theodor Fontane | Hans-Jürgen Gaudeck
Von London bis Pompeji mit Theodor Fontane
84 Seiten | ISBN 978-3-941683-41-9

Theodor Fontane | Jutta Mirtschin
Das Herz lässt sich nicht zwingen
Aphorismen
60 Seiten | ISBN 978-3-941683-80-8

Die Deutsche Nationalbibliothek verzeichnet diese Publikation
in der Deutschen Nationalbibliografie;
detaillierte bibliografische Daten sind im Internet über
http://dnb.d-nb.de abrufbar.

Mit einem Vorwort und Anmerkungen von Peter Bramböck

2. Auflage 2019

Berliner Allee 38, 13088 Berlin, Tel. (030) 41 93 50 14
info@steffen-verlag.de, www.steffen-verlag.de

Herstellung: STEFFEN MEDIA | Friedland – Berlin – Usedom
www.steffen-media.de

ISBN 978-3-941683-37-2